BEI GRIN MACHT SICH IHR WISSEN BEZAHLT

- Wir veröffentlichen Ihre Hausarbeit,
  Bachelor- und Masterarbeit

- Ihr eigenes eBook und Buch -
  weltweit in allen wichtigen Shops

- Verdienen Sie an jedem Verkauf

Jetzt bei www.GRIN.com hochladen und kostenlos publizieren

Bibliografische Information der Deutschen Nationalbibliothek:

Die Deutsche Bibliothek verzeichnet diese Publikation in der Deutschen National-
bibliografie; detaillierte bibliografische Daten sind im Internet über http://dnb.d-
nb.de/ abrufbar.

Dieses Werk sowie alle darin enthaltenen einzelnen Beiträge und Abbildungen
sind urheberrechtlich geschützt. Jede Verwertung, die nicht ausdrücklich vom
Urheberrechtsschutz zugelassen ist, bedarf der vorherigen Zustimmung des Verla-
ges. Das gilt insbesondere für Vervielfältigungen, Bearbeitungen, Übersetzungen,
Mikroverfilmungen, Auswertungen durch Datenbanken und für die Einspeicherung
und Verarbeitung in elektronische Systeme. Alle Rechte, auch die des auszugsweisen
Nachdrucks, der fotomechanischen Wiedergabe (einschließlich Mikrokopie) sowie
der Auswertung durch Datenbanken oder ähnliche Einrichtungen, vorbehalten.

Impressum:

Copyright © 2018 GRIN Verlag
Druck und Bindung: Books on Demand GmbH, Norderstedt Germany
ISBN: 9783668755178

Dieses Buch bei GRIN:

https://www.grin.com/document/433559

Julia Eberle

Strategische Unternehmensführung. Strategischer Wandel bei der Gesundheit- und Medizin AG

GRIN Verlag

GRIN - Your knowledge has value

Der GRIN Verlag publiziert seit 1998 wissenschaftliche Arbeiten von Studenten, Hochschullehrern und anderen Akademikern als eBook und gedrucktes Buch. Die Verlagswebsite www.grin.com ist die ideale Plattform zur Veröffentlichung von Hausarbeiten, Abschlussarbeiten, wissenschaftlichen Aufsätzen, Dissertationen und Fachbüchern.

Besuchen Sie uns im Internet:

http://www.grin.com/

http://www.facebook.com/grincom

http://www.twitter.com/grin_com

Deutsche Hochschule für

Prävention und Gesundheitsmanagement

Hermann Neuberger Sportschule 3

66123 Saarbrücken

Einsendeaufgabe

Fachmodul: Strategische Unternehmensführung II

Studiengang: M.A. Prävention & Gesundheitsmanagement

Datum
Präsenzphase: 14.5 -17.5.2018

Name, Vorname: Eberle, Julia- Angelika

Studienort: **Saarbrücken**

Semester: **WS 2017**

Inhaltsverzeichnis

1. Bodo Müllers Plan

Bodo Müller ist Marketing Direktor der Abteilung Vertrieb des Unternehmen Gesundheit- und Medizintechnik AG in Deutschland. Die folgende Arbeit beschäftigt sich mit seinem Plan zum Strategiewandel.

1.1. Gründe für Wandel

Bodo Müller hatte verschiedene Gründe, weshalb er den Wandel in der Gesundheit- und Medizintechnik AG umsetzen wollte.

Auf Grund einer niedrigen staatlichen Finanzierung für Krankenhäuser, werden die bereits bestehenden medizinischen Geräte nicht neu ersetzt, sondern immer wieder instand gehalten. Die fehlende Investition in neue Geräte ist einer der Gründe für den Wandel.

Weitere Gründe bestehen darin, dass zum einen die Kaufentscheidung nicht mehr bei den Ärzten direkt, sondern bei der Krankenhausadministration, sowie Einkaufsabteilungen liegen. Hier wird nicht mehr nach Nutzen, sondern nach ökonomischen Gründen entschieden.

Dritter Grund für den Wandel ist die geteilte politische Meinung. Die Entscheidung liegt darin, ob einer Erhöhung für weitere Gesundheitsausgaben stattgegeben wird, oder dieser entgegen zu wirken. Diese Entscheidung ergibt sich aus der niedrigen Wachstumsrate, welche sich aus Gründen von einem geringen Bevölkerungs- und dem niedrigen Bruttoinlandsprodukt-Wachstum zusammen setzen.

1.2. Aspekte des Strategiewandels

Für einen Strategiewandel sieht Bodo Müller verschiedene Aspekte. Zunächst möchte er die Marketingstrategie der Gesundheit- und Medizintechnik AG ändern. Dies soll den Nutzen bringen, dass sich Investitionen von Marketing und Verkauf auf Bedürfnisse und Herausforderungen des „C-Level" bestehend aus Geschäftsführer, Bereichsleiter sowie der CEO, der FCO oder der CIO, und nicht mehr auf die Krankenhausärzte beziehen.

Weiterer Grund für den Wandel sieht Bodo Müller hier in dem Kaufverhalten, welches sich laut Müller auf Dauer verändern wird. Um den Wandel zu initiieren, ist ein ganzheitliches Konzept von Nöten, welches sich im Kaufverhalten bemerkbar machen soll.

Um neue medizinische Geräte verkaufen zu können muss die Gesundheits- und Medizintechnik AG eine ganzheitliche Lösung bieten, welche die allgemeine Effizienz in Krankenhäusern verbessern kann. Zu den einzelnen Produkten sollen auch entsprechende Dienstleistungen, sowie Serviceleistungen verkauft werden.

Dritter Aspekt für den Wandel sieht Bodo Müller im Budget. Dieses möchte er nun für die neue Marketingstrategie aus dem Budget jedes Vizepräsidenten nehmen. Diese sollen nun ein Teil ihres Marketing Budget in das Marketing des neuen C-Level abgeben.

1.3. Barrieren und Widerstände

Bodo Müller kann mit seinem Wandel auf Barrieren stoßen. Es werden mögliche Barrieren für Vision, Menschlichkeit, Ressourcen sowie Management dargestellt.

Visions Barriere:
Bodo Müller konnte seine Vision nicht an die Beteiligten des Wandels übermitteln. Die Vision hatte für keinen der Beteiligten einen emotionalen Grund, somit fehlt die Motivation die Strategieimplementierung umsetzen zu wollen. Statt die Vision vorzugeben, müsste Bodo Müller eine gemeinsame Vision mit den Beteiligten erarbeiten.

Menschliche Barriere:

Für die Strategieimplementierung fehlt Bodo Müller die nötige Emotion. Er hat rein rational gehandelt und konnte bei den Vizepräsidenten, durch sein rein rationales Vorhaben, diese nicht emotional ansprechen. Für einen Wandel muss Bodo Müller jedem der Beteiligten einen emotionalen Grund bieten, sodass dieser die nötige Motivation erbringen kann, einen Wandel durchzuführen.

Ressourcen Barriere:

Das Budget von Bodo Müller für die Umsetzung des Wandels ist nicht ausreichend. Es benötigt mehr Budget, welches er von den Vizepräsidenten beziehen möchte. Da er die finanziellen Ressourcen durch andere gewinnen möchte, muss das Budget der Vizepräsidenten entsprechend gekürzt werden.

Management Barriere:

In den Plan der Strategie hat Bodo Müller nicht die direkte Geschäftsführung mit einbezogen. Diese müssen für eine Umsetzung, Bodo Müller unterstützen und gemeinsam die Kommunikation an weitere Beteiligte angehen. Weitere Barriere besteht darin, dass nun geschäftsübergreifend gearbeitet werden soll, um ganzheitliche Konzepte am Markt zu verwirklichen. Dies erfordert für Bodo Müller ein ganz neues Managementsystem.

2. Change Management

2.1. Gründe für das Scheitern

Das Scheitern zur Initiierung des Wandels hatte verschiedene Gründe. Am Bespiel des 8 Stufen Modell nach Kotter, werden vier Gründe für das Scheitern von Bodo Müllers Wandel genannt.

Stufe 2: Führungskoalition aufbauen

Bodo Müller hat versucht eine Arbeitsgruppe der verschiedenen Unternehmens-
bereichen zu formen. Dies ist allerdings daran gescheitert, dass zur Kick-Off-
Veranstaltung nicht alle anwesend waren. Diejenigen welche anwesend waren, konnten
nicht überzeugt werden.

Stufe 3: Vision und Strategie entwickeln

Seine Vision etwas zu ändern, hatte keine ausführlich ausgearbeiteten Strategie. Dies
machte es den ausgewählten Vizepräsidenten nicht möglich, emotional und sachlich
sich von der Vision und Bodo Müllers Plänen zu überzeugen. Zusammen mit den Mitarbeitern, müsste er eine gemeinsame Vision erarbeiten.

Stufe 6: Schnelle Erfolge erzielen

Die zusammengestellte Arbeitsgruppe von Herr Müller hat in deren dreimonatigen
Bearbeitungszeitraum keine nennenswerte Ergebnisse erzielen können. Der Zeitraum
für das genannte Ziel war zu lang. Es fehlten kleinere Teilziele.

Stufe 7: Erfolge konsolidieren und Veränderungen einleiten

Den zu früh erklärten Sieg, welchen Bodo Müller erreichen wollte, konnte auch auf
Grund der mangelnden Ergebnisse der Arbeitsgruppe und den daraus resultierenden
fehlenden Veränderungen, nicht erfolgen.

2.2. Veränderungen meistern

Um Veränderungen meistern zu können, bietet sich das von Kotter entwickelte
8 Beschleuniger Modell an. Dieses zeigt in 8 Stufen, was Bodo Müller tun müsste,
um den Wandel zu initiieren. Einen erfolgreichen Change, definieren Mayer, Wald,
Gleich und Wagner (2008, S. 165) nach Kotter (1996), über zwei wesentlichen
Faktoren. Zum einen muss ausreichend Motivation entwickelt werden, um bestehende
Strukturen und Hemmnisse durchbrechen zu können. Zum anderen ist Change nur dann
effektiv, wenn er von einer qualitativ hochwertigen Leadership begleitet wird.

Stufe1: Ein Gefühl der Dringlichkeit wecken

Um einen Wandel zu initiieren besteht die Grundvorraussetzung, dass die Mehrheit der Mitarbeiter hinter den angestrebten Veränderungen steht und diese aktiv unterstützt.

Der erste Schritt eines Change Managements besteht darin, die Mitarbeiter von der Notwendigkeit und Dringlichkeit der Veränderung zu überzeugen (Solpy, 2014). Zum ersten Meeting hätte Bodo Müller den gesamten Stamm der Gesundheit- und Medizintechnik AG einladen und sie nicht nur sachlich, sondern auch emotional ansprechen müssen.

Stufe 2: Leistungsteam

In der Umsetzung gab es kein ernanntes Leistungsteam aus allen Unternehmens-bereichen. Bodo Müller hat lediglich für sein Team, potentielle und ausgewählte Mitarbeiter angesprochen. Als Sinnvoll erweist sich hier Mitarbeiter aus allen Unternehmens-bereichen, wie z. B. Führungskräfte, ebenfalls mit ein zu beziehen.

Diese sollten, nach Kotter (Solpy, 2018), um effektiv agieren zu können, ebenfalls über ausreichend Machtbefugnisse, Glaubwürdigkeit, Sachkenntnis und Führungsqualitäten verfügen und gemeinsame Ziele innerhalb des Veränderungsprozesses verfolgen.

Stufe 3: Zielvorstellung und Strategien für eine Veränderung

Fehler von Herr Müller war es, nicht mit der gesamten Arbeitsgruppe verschiedene Zielvorstellungen zu erarbeiten. Er gab ihnen die Ziele und deren Strategien vor. Somit konnte sich keiner der Teilnehmer damit identifizieren. In einem Mitarbeitermee-ting kann Bodo Müller die einzelnen Ideen und Zielvorstellungen mit den Mitarbeitern zusammen erarbeiten.

Stufe 4: Kommunikation der Vision

Die festgelegte Vision muss an alle Beteiligten des Wandels kommuniziert werden. Jedem Beteiligten muss klar werden, welche Bedeutung die Vision hat und wo sie hinführen soll. Wird sie nicht kommuniziert, kann das Verständnis und die Akzeptanz für den Wandel fehlen.

Stufe 5: Hindernisse aus dem Weg räumen

Um sich mit dem Wandel zu identifizieren, müssen die Beteiligten über die Strategie aufgeklärt sein. Daraus ergibt sich die Aufgabe, innerbetriebliche Strukturen und Systeme an die Anforderungen der neuen Vision und Strategie anzupassen, um Mitarbeiter handlungsfähig zu machen (Solpy, 2018).

Sie benötigen Handlungsspielräume um sich selbst in der Strategie mit einzubringen und diese auch umsetzen zu wollen.

Stufe 6: Kurzfristige Erfolge

Bodo Müller hatte in seiner Arbeitsgruppe das Ziel auf drei Monate angesetzt. Nach drei Monaten konnten aber keine nennenswerte Ergebnisse erreicht werden. Hätte er sich kleinere Ziele gesetzt, z. B. wöchentliche oder Tagesziele, wären zum einen die Erfolge schneller ersichtlich und zum anderen könnte er, wenn ein Ziel nicht gelingt, schneller eingreifen. Darüberhinaus haben schnelle Erfolge einen positiven Effekt, dass sie Kritikern und Zynikern den Wind aus den Segeln nehmen (Solpy, 2018).

Stufe 7: Nicht nachlassen, weitere Veränderungen einführen

Nach den gescheiterten Teilzielen in den ersten drei Monaten muss Bodo Müller seine Teilnehmer der Arbeitsgruppe weiter motivieren.

Um einen Wandel zu initiieren darf er bei den Beteiligten nicht nachlassen. Er muss sie in das Geschehen der Veränderung mit einbeziehen und sie für jeden weiteren Schritt motivieren. Dies führt dazu, dass die kurzfristigen Erfolge eine geschaffene Glaubwürdigkeit erzielt und mit dieser ein weitere und größere Veränderungsprojekte in Angriff nehmen lassen (Solpy, 2018).

Stufe 8: Neue Kultur verankern und entwickeln

Die letzte Stufe besteht daraus, die neuen Verhaltensformen und gemeinsame Werte tief in die Unternehmenskultur zu verankern (Solpy, 2018). Die gewünschte Unternehmenskultur muss Bodo Müller an die Beteiligen übertragen und mit ihnen gemeinsam festigen. Die Unternehmenskultur muss von jedem verstanden und umgesetzt werden.

3. Strategieimplementierung

3.1. Durchsetzung

3.1.1. Vermittlung der Strategie

Für Bodo Müller reicht es nicht aus, nur die Unterstützung der CEO des Unternehmens und die Vizepräsidenten der sieben Produktlinien überzeugt zu haben. Er benötigt die gesamte Unterstützung jedes Einzelnen. Er muss in Mitarbeitergesprächen und regelmäßigen Meetings jedem einen persönlichen Sinn der Strategie vermitteln, deren Verständnis und Akzeptanz gewinnen sowie mögliche Ängste, die ein Mitarbeiter in Bezug auf einen Wandel haben kann, nehmen. Nur so hat Bodo Müller die vollständige Unterstützung zur Umsetzung einer neuen Marketingstrategie.

3.1.2. Einweisung und Schulung

Bodo Müller möchte neue ganzheitliche Konzepte erschaffen, hierfür müssen klare Betriebsabläufe geschaffen werden. Die neue Marketingstrategie hat nun das Ziel sich nach den Bedürfnissen der CEO und CFO zu richten. Da es sieben verschiedene Produktlinien gibt, muss beachtet werden, dass auch abteilungsübergreifende Weiterbildungsmaßnahmen und Betriebsabläufe geben muss. Aus jeder Arbeitsgruppe wird eine Führungskraft ernannt, welche zur Aufgabe hat, die Vizepräsidenten der Marketingabteilung in betriebsübergreifende Weiterbildungsmaßnahmen zu integrieren. Es muss kritisch hinterfragt werden, ob die bestehenden Kompetenzen der Mitarbeiter dafür ausreichen oder es weitere Bildungsmaßnahmen benötigt, oder sogar eine Personalbeschaffung notwendig ist.

3.1.3. Schaffung eines strategiebezogenen Konsens

In einer Strategieimplementierung können verschiedene Konflikte auftreten. Diese können Zielkonflikte zwischen einzelnen Unternehmensbereichen aber auch persönliche Zielkonflikte zwischen Mitarbeitern sein. Es könnte in den einzelnen Bereichen zu Macht- oder auch Durchsetzungskonflikte kommen.

Um eine reibungslose Strategieimplementierung umsetzen zu können, wird schon vorab ein gut durchdachtes Konfliktmanagement benötigt. Zum Konfliktmanagement gehört ein geeigneter Implementierungsstil. Aufgrund der Mitarbeiterhierarchie bietet sich für Bodo Müller das Partizipationsmodell an. In diesem Modell haben alle Führungsebenen das gleiche Mitwirkungsrecht und können somit eine gemeinsame Strategie zur Implementierung erarbeiten.

3.2. Umsetzung

3.2.1. Transformation

Ziel ist die Transformation von strategischen Entscheidungen in feste Handlungen umzusetzen. Zunächst sollte ein IST-Zustand ermittelt werden, danach sollte der SOLL-Zustand anhand von Zielen und Plänen festgehalten werden. Ziele sollten zum einen immer über Inhalt, Ausmaß und über ein Zeitmanagement verfügen.

Des Weiteren brauchen Ziele eine genaue Steuerung, Verantwortungsträger, Kontrolle und Maßnahmen welche Bodo Müller in einem Metaplan zusammenführen sollte.

Wichtig ist zu definieren, wer für welches Ziel und dessen Umsetzung verantwortlich ist. Es erfordert einen genauen Plan mit Ideen, wie aus dem aktuellen IST- der gewünschte SOLL-Zustand erreicht werden kann. Die Ziele sollte Bodo Müller sich in den Bereichen Marketingstrategie, sowie die Erarbeitung einer neuen Führungsebene setzen.

3.2.2. Anpassung

Zunächst müssen die Organisationspotentiale des Unternehmens angepasst werden. Es muss dargestellt werden, welche Aufgaben das Unternehmen leisten muss, damit der Kunde seine entsprechende Leistung erhält. Die Organisationsstruktur der Gesundheit- und Medizintechnik AG gestaltet sich insofern neu, dass nun nicht mehr die Vizepräsidenten der einzelnen Produktlinien über das Marketing bestimmen, nun geschäftsübergreifend eine neue Gruppe von Mitarbeitern entscheidet. Somit müssen die Aufgaben neu verteilt und angewiesen werden.

Weiter müssen die Unternehmenspotentiale angepasst werden. Bodo Müller möchte ein ganzheitliches Konzept an seine Kunden verkaufen. Hierfür müssen die nötigen Ressourcen des Unternehmen deutlich gemacht werden. Es muss dargestellt werden, ob das Unternehmen über diese verfügt oder neue benötigt werden. Bei der Frage nach den Ressourcen sollte immer die Wertschöpfung des Produktes im Vordergrund stehen. Die Mitarbeiter müssen bestimmte Ressourcen zur Verfügung haben, um eine optimale Wertschöpfung des Produktes gewährleisten zu können.

Mit der Wertschöpfung sollte auch die Unternehmenskultur betrachtet werden. Jeder Mitarbeiter sollte über die notwendigen Qualifikationen verfügen. In der Gesundheit- und Medizintechnik AG wird abteilungsübergreifend gearbeitet. Das bedeutet, dass jeder Mitarbeiter auch abteilungsübergreifend über Qualifikationen verfügen sollte, um entsprechend seine Arbeit leisten zu können.

Das Management wird dadurch neu aufgebaut, dass das sogenannte C-Level, und nicht die Krankenhausärzte, die Marketingentscheidung trägt. Dieses Management muss nun in einem System dargestellt und an alle Mitarbeiter kommuniziert werden.

3.2.3. Motivierung und Mobilisierung

Über den Zeitraum des Implementierungsprozesses muss Bodo Müller dafür sorgen, dass jeder der beteiligten Mitarbeiter seine Motivation behält, diesen Prozess umsetzten zu wollen.

Dies gelingt Bodo Müller sobald er bei den Mitarbeitern einen emotionalen Wert des Prozesses geweckt hat. Hat Herr Müller diesen emotionalen Wert in ein sinnenhaftes Ziel bewegt, muss er seine Mitarbeiter auch dauerhaft motivieren, dieses Ziel erreichen zu wollen.

Sinnvoll für die Mitarbeiter und des Unternehmens wäre es, kleinere Teilziele zu setzen. Die Mitarbeiter sollten eigene Ziele definieren aber auch die Unternehmensziele kennen und mit gestalten können. Um dauerhaft motiviert zu sein, die Ziele zu erreichen, muss Bodo Müller den Wandel für die Beteiligten nachhaltig in den Alltag integrieren.

4. Balanced Scorecard

4.1. Ursache-Wirkungskette

Nachfolgende Abbildung zeigt eine Ursache-Wirkungskette für das Unternehmen Gesundheits- und Medizintechnik AG.

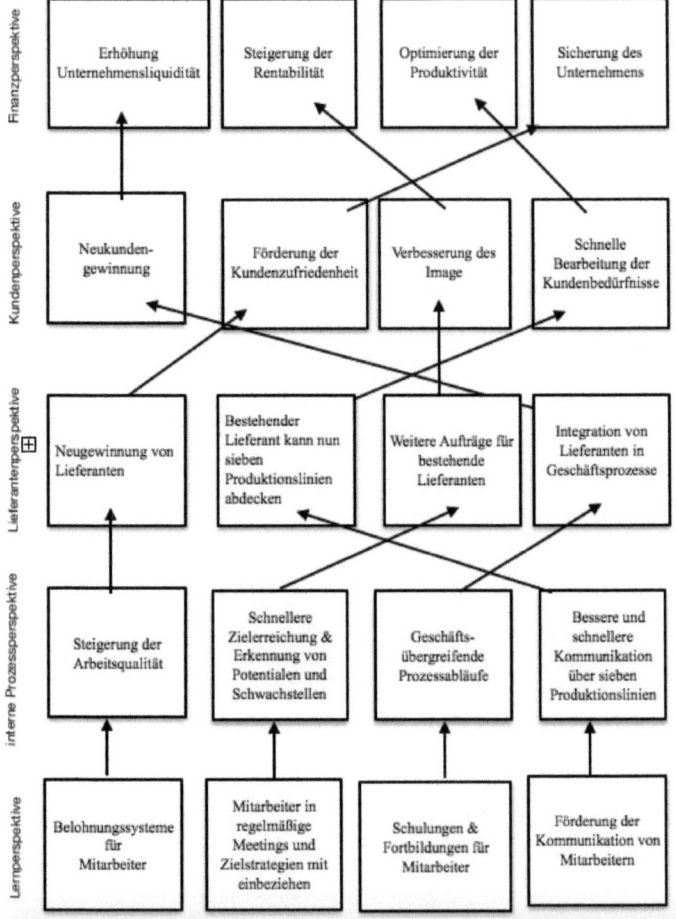

Abb.1: Ursache-Wirkungskette; Gesundheit-und Medizintechnik AG (eigene Darstellung)

4.2. Festlegung Ziele, Kennzahlen, Vorgaben und Maßnahmen

Das Konzept der Balanced Scorecard in der folgenden dargestellten Tabelle 1, bezieht sich auf ein Zeitmanagement von einem Jahr.

Tab.1: Konzept der Balance Scorecard (Eigene Darstellung)

	Ziel	Kennzahl	Ausprägung	Maßnahmen
Finanzielles Ziel	Rentabilitätsziel	Rentabilität in %	Rentabilität von aktuell 8% auf 10 % steigern	Kosten senken, Umsätze steigern
Kundenperspektive	Neukunden-gewinnung	SOLL- IST Bestand	15% Neugewinnung	Marketingstrategien zur Neukunden-aquise
Prozessperspektive	Kostenstruktur aufbauen	Kostenanalyse	Kostsenkung um 5 %	Auflistung aller Kosten, Maßnahmen für eine Senkung erarbeiten und umsetzen
Lern- und Entwicklungsphase	Qualifikationen der Mitarbeiter	Weiterbildungen pro Mitarbeiter	5 zusätzliche Weiterbildungstage pro Mitarbeiter	externe und interne Weiterbildungs-maßnahmen für jeden Mitarbeiter anbieten
Lieferanten-perspektive	Neugewinnung von Lieferanten	SOLL-IST Bestand	3 neue Lieferanten gewinnen	Geschäftsprozese optimieren, Fehler aufdecken und neue Lieferanten gewinnen

5. Unternehmensethik

5.1. Praxisbeispiel

Dem Schweizer Nahrungsmittelkonzern Nestlé wird vorgeworfen, weltweit Wasserrechte von staatlichen Wasserbehörden zu kaufen. Schon 2015 machte ein Artikel in der Onlinezeitschrift Stern auf mehrere Skandale des Unternehmens aufmerksam (Stern, 2015). Einer der Skandale wies auf die Wasserechte und den schon

2012 entstandenen Dokumentarfilm „Bottled life" hin. Weitere Magazine berichten, es sei Nestlé erlaubt, Wasser direkt aus dem Grundwasser (unterhalb der Erdoberfläche) abzupumpen. Nestlé reinigt und füllt dieses Wasser ab und verkauft es als sogenanntes „Nestlé Pure Life" in Plastikflaschen. 282 000 Liter Trinkwasser werden täglich in Flaschen abgefüllt und abtransportiert (Orange.Handelsblatt, 2018).

Daraus entsteht der zentrale Vorwurf, das Wasser dort abzunehmen, wo es ohnehin schon knapp sei. In Afrika besitzt Nestlé bereits elf Standorte an denen bekannt ist, dass dort durch eine extreme Dürre eine Wasserkrise herrscht (Orange.Handelsblatt, 2018). Es wird deutlich gemacht, dass die Slumbewohner in Südafrika rund um die Wasserfabriken inmitten von Müll, Ratten, Toiletten ohne Wasseranschluss und ohne fließendes Trinkwasser leben (Netzfrauen, 2017).

Nicht nur zahlreiche Artikel, sondern auch einen Dokumentarfilm „Bottled life", stellen diese Vorwürfe bereits 2012 dar. Ein Schweizer Journalist reist nach Lagos um sich der Situation über die Wasserrechte zu informieren. Dort erfährt er, dass die Vision einer Stadt, in der alle für Wasser zahlen müssen, hier bereits Realität geworden ist. Die Familien in den Slums von Lagos wenden die Hälfte ihres Budgets dafür auf, Wasser in Kanistern zu kaufen. Während die Oberschicht das von Nestlé sogenannte „Pure Life" Wasser trinkt (Bottled life, 2012).

Der Konzern Nestlé selbst reagiert auf der eigenen Homepage gegen die Vorwürfe: „Das stimmt nicht. Das Nestlé Werk Sheikhupura in Pakistan fördert Wasser aus zwei Tiefbrunnen. Geschätzt existieren in der Region Lahore aber rund 680.000 Brunnen, die in erster Linie für die Bewässerung in der Landwirtschaft, aber auch für industrielle Zwecke und die kommunale Wasserversorgung genutzt werden" (Nestlé, 2018).

Weiter wehrt sich der Konzern: „Nestlé hat hier mit behördlicher Genehmigung Probebohrungen vorgenommen. Bei jeder Erschließung einer möglichen Quelle gehört die genaue Untersuchung dazu, welche Risiken eine mögliche Wasserentnahme mit sich bringen könnte. In diesem Fall hat sich Nestlé gegen eine Wasserentnahme entschieden, weil die verfügbare Wassermenge für die Entwicklung einer Quelle zur Förderung von Quellwasser nicht ausreichend war" (Nestlé, 2018).

5.2. Unternehmenswerte

Tabelle 2 veranschaulicht die Unternehmenswerte des Konzerns Nestlé, die mit dem Skandal der Wasserentnahme im Zusammenhang stehen. Offengelegt werden diese Unternehmenswerte auf der Homepage des Schweizer Nahrungsmittelkonzern (Nestlé, 2018).

Tab. 2: Unternehmenswerte „Nestlé" (Eigene Darstellung)

Unternehmenswert	Ausführung
Achtung der Menschenrechte	Wir unterstützen voll und ganz die Grundsätze der Global-Compact-Initiative der Vereinten Nationen (UNGC) zu Menschen- und Arbeitsrechten und wollen durch die Achtung der Menschen- und Arbeitsrechte im Rahmen unserer Geschäftstätigkeit mit gutem Beispiel vorangehen.
Landwirtschaft und ländliche Entwicklung	Wir tragen dazu bei, die landwirtschaftliche Produktion sowie den sozialen und wirtschaftlichen Status von Bauern und ländlichen Gemeinschaften zu verbessern und die Produktionssysteme zu optimieren, um ihre ökologische Nachhaltigkeit zu steigern.
Ökologische Nachhaltigkeit	Wir verpflichten uns zu umweltschonenden Geschäftsmethoden. Wir streben in allen Stufen des Produktlebenszyklus nach einer effizienten Nutzung natürlicher Ressourcen, streben bevorzugt den Einsatz nachhaltig bewirtschafteter, erneuerbarer Ressourcen und eine abfallfreie Produktion an.
Wasser	Wir verpflichten uns zu einer nachhaltigen Nutzung von Wasserressourcen und der permanenten Verbesserung unseres Wassermanagements. Wir sind uns bewusst, dass die Welt vor einem zunehmenden Wasserproblem steht und dass der verantwortungsbewusste Umgang mit den weltweiten Wasserressourcen durch alle Nutzer unabdingbar ist.

5.3. Wertebruch

Der Nahrungsmittelkonzern Nestlé beschreibt auf seiner Internetpräsenz, die Unternehmenswerte zur Achtung der Menschenrechte (Nestlé, 2018). Auch im Dokumentarfilm „Bottled life" wird dargestellt, dass Nestlé grossen Wert auf Imagepflege legt (Bottled life, 2012). Wenn es um Wasser geht, prägt vor allem Peter

Brabeck das Bild des Konzerns. Dem Schweizer Journalist bleibt zum Ende des Dokumentarfilm ein Bild des Konzerns, welcher weltweit Rechte an Wasserquellen sichert, um in der Zukunft den Wassermarkt dominieren (Bottled life, 2012).

Nestlé spricht von einer nachhaltigen Nutzung von Wasserressourcen und der permanenten Verbesserung ihres Wassermanagements (Nestlé, 2018). Die Nutzung von Wasserressourcen ist für die Umgebung der Nestléfabriken alles andere als nachhaltig. Nestlé nimmt, wie der Dokumentarfilm zeigt, den anliegenden Bewohnern der Fabriken ihre nötigen Wasserressourcen. Diese müssen sich bei dem Schweizer Konzern ihr benötigtes Wasser kaufen. Für die Bewohner steht keine weitere Wasserquelle zur Verfügung (Bottled life, 2012).

Weiter beschreiben sie ihre Geschäftsmodelle als umweltschonend. Nestlé möchte die landschaftliche Produktion, sowie den sozialen Status von Bauern und ländlichen Gemeinschaften verbessern (Nestlé, 2018). „Bottled life" zeigt zum einen, dass die Bewohner in den Regionen einer Nestlé-Fabrik, in Slums umgeben von Müll, Raten und Toiletten ohne Wasseranschluss leben (Bottled life, 2012). Weiter zeigt der Artikel im Handelsblatt, dass Kritiker dem Unternehmen vorwerfen, das Grundwasservorkommen etwa in Pakistan so stark auszubeuten, dass der Grundwasserspiegel sinkt und die Bevölkerung keinen Zugang mehr zu frischem Wasser hat (Handelsblatt, 2018). Ohne nötige Wasserzufuhr können die landschaftlichen Produktionen nicht verbessert werden.

5.4. Konsequenzen

Der Skandal des Unternehmens wirft Konsequenzen für interne und externe Stakeholder auf. Folgend sind zwei Beispiele für je interne und externe Konsequenzen dargestellt.

5.4.1. Konsequenzen der internen Stakeholder

Der Skandal für das Schweizer Nahrungsmittelunternehmen hat mehrere Folgen. Nicht nur Endverbraucher oder Kooperationspartner könnten sich von Unternehmen abwenden, sondern auch Mitarbeiter. Dies würde für das Unternehmen einen hohen Personalverlust bedeuten. Mitarbeiter die zurzeit in diesem Unternehmen tätig sind, könnten mit in die Verantwortung gezogen werden. Das schädigt nicht nur den Ruf des Unternehmens, sondern auch den, der Mitarbeiter als Privatperson. Nachdem möglichen Verlust der Mitarbeiter wird es ebenfalls schwer neue Mitarbeiter an das Unternehmen zu binden. Ist der Skandal noch nicht bereinigt oder aufgeklärt, werden sich wenig, bis keine neuen Mitarbeiter für das Unternehmen bewerben.

Weiter hat die Geschäftsleitung viele Folgen des Skandals zu tragen. Sie müssen mit dem Verlust von Partnern und Kunden rechnen. Dadurch könnte das Unternehmen einen hohen Umsatzverlust erleiden. Zunächst muss das Unternehmen, das Vertrauen der Mitarbeiter, Partner und Kunden zurück gewinnen, um weitere Verluste abfangen zu können.

5.4.2. Konsequenzen der externen Stakeholder

Das Schweizer Unternehmen machte bereits schon 2015 Wirbel um seine Skandale. „Schon im Sommer 2015 suchten Kunden der Supermarktkette zeitweise vergeblich nach Produkten von Herstellern wie Dr. Oetker, Nestlé oder Müller Milch" (Spiegel, 2018). Unternehmen wie die Firma Edeka haben neuerdings ebenfalls alle Nahrungs-mittel des Hersteller Nestlé aus ihrem Sortiment aussortiert. Bis zu 160 Produkte möchte der Lebensmittelkonzern, laut dem Onlinemagazin Focus, aus ihrem bestehenden Sortiment streichen (Focus, 2018).

Den größeren Konzernen machen es auch kleinere Unternehmen nach. In der Frankfurter Rundschau erklärt der Inhaber des Getränkemarktes Grözinger, Marco Grözinger, die Gründe für den Rauswurf der Produkte aus seinem Geschäft: „Wer die Gründe erfahren will, braucht nur mal googeln: Nestlé, Wasser, Privatisierung, Skandal etc. Wir bitten unsere Kunden um Verständnis, aber solche Machenschaften und Entscheidungen können wir nicht weiter durch einen Vertrieb dieser Produkte verantworten" (Frankfurter Rundschau, 2018).

Dies bedeutet für den Schweizer Nahrungsmittelkonzern einen großen Verlust von Kooperationspartner. Daraus folgt, dass nicht nur die Partner abspringen, sondern auch der Umsatz am Endverbraucher fehlt. Für den Endverbraucher besteht in seinen gewohnten Lebensmittelunternehmen nicht mehr die Möglichkeit Produkte des Unternehmens Nestlé zu kaufen. Ebenso könnten aber auch die Endverbraucher selbst den Einkauf von Nestléprodukten boykottieren.

6. Literaturverzeichnis

Bottledlife. (2012). *Die Geschichte.* Zugriff am 29.05.2018. Verfügbar unter:
http://www.bottledlifefilm.com/index.php/die-geschichte.html

Focus.(2018). *Günstig und genauso gut. Edeka schmeißt 160 Produkte raus:
Das sind die Alternativen zum Nestlé-Essen.* Zugriff am 29.05.2018. Verfügbar unter:
https://www.focus.de/finanzen/news/unternehmen/guenstig-und-genauso-gut-edeka-
schmeisst-160-produkte-raus-das-sind-die-alternativen-zum-nestle-essen_i-
d_8490039.html

FrankfurterRundschau. (2018). *Kein Nestlé mehr im Regal.* Zugriff am 29.05.2018.
Verfügbar unter: http://www.fr.de/wirtschaft/edeka-boykott-kein-nestle-mehr-im-re-
gal-a-1457144

Handelsblatt. (2018). *Wem Nestlé das Wasser abgräbt.* Zugriff am 29.05.2018.
Verfügbar unter: http://www.handelsblatt.com/unternehmen/handel-konsumgueter/
lebensmittelkonzern-schwere-anschuldigungen-gegen-nestle/7782074-2.html?
ticket=ST-3582470-a0zz9b0uG6Lq2HMoOE0P-ap3

Mayer, Th., Wald, A., Gleich, R., Wagner, R., (2008).
*Advanced Project Management Herausforderungen-Praxiserfahrungen-Perspekti-
ven.* Berlin: LIT Verlag Dr. W.Hopf Berlin 2008

Nestle. (2018). *Unternehmensgrundsätze.* Zugriff am 29.05.2018. Verfügbar unter:
https://www.nestle.de/unternehmen/grundsaetze/nestle-unternehmensgrundsaetze

Nestle. (2018). *Was sagt Nestlé zu dem kritischen Dokumentarfilm „Bottled Life"?*
Zugriff am 29.05.2018. Verfügbar unter: https://www.nestle.de/unternehmen/frag-
nestle/antwort/film-bottled-life

Netzfrauen. (2017). *Trotz Dürre-Katastrophe – Nestlé pumpt 50.000 Liter pro Stunde Wasser aus Äthiopiens Boden und baut die Milchwirtschaft aus*. Zugriff am 29.05.2018. Verfügbar unter: https://netzfrauen.org/2017/04/12/aethiopien-nestle/

Orange.Handelsblatt. (2018). *Warum Nestle so unbeliebt ist*
Zugriff am 29.05.2018. Verfügbar unter: https://orange.handelsblatt.com/artikel/ 40262

Solpy. (2014). *Erfolgreiches Change Management mit Kotter´s 8-Stufen-Modell.*
Zugriff am 23.05.2018 Verfügbar unter: http://www.solyp.com/de/blog/article/change-management-kotter-8-stufen-model.html

Spiegel. (2018). *Edeka will offenbar Nestlé-Boykott ausweiten.*
Zugriff am 29.05.2018. Verfügbar unter: http://www.spiegel.de/wirtschaft/unternehmen/edeka-will-offenbar-nestle-boykott-ausweiten-a-1201580.html

7. Abbildungs- und Tabellenverzeichnis

7.1. Abbildungsverzeichnis

7.2. Tabellenverzeichnis

BEI GRIN MACHT SICH IHR WISSEN BEZAHLT

- Wir veröffentlichen Ihre Hausarbeit,
  Bachelor- und Masterarbeit

- Ihr eigenes eBook und Buch -
  weltweit in allen wichtigen Shops

- Verdienen Sie an jedem Verkauf

Jetzt bei www.GRIN.com hochladen
und kostenlos publizieren